Impressum
Verlag: BABADADA GmbH, Nedderfeld 112 , 22529 Hamburg
Geschäftsführer / Verlagsleitung: Harald Hof
Druck: Books on Demand GmbH, In de Tarpen 42, 22848 Norderstedt

Imprint
Publisher: BABADADA GmbH, Nedderfeld 112 , 22529 Hamburg, Germany
Managing Director / Publishing direction: Harald Hof
Print: Books on Demand GmbH, In de Tarpen 42, 22848 Norderstedt, Germany

de School

skole

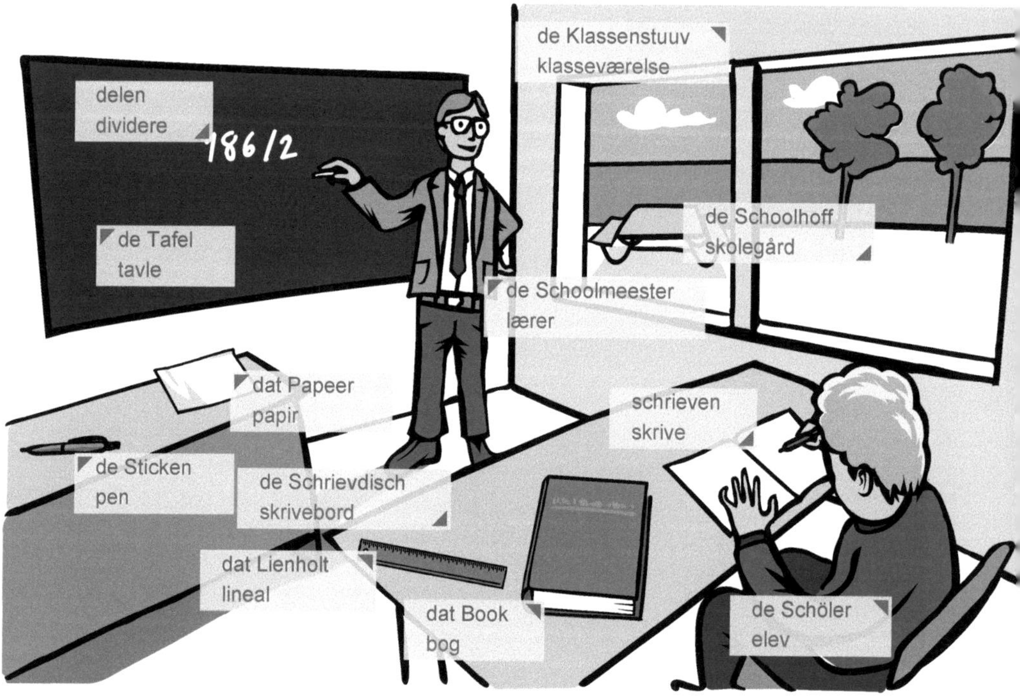
de Klassenstuuv
klasseværelse
delen
dividere
186/2
de Tafel
tavle
de Schoolhoff
skolegård
de Schoolmeester
lærer
dat Papeer
papir
schrieven
skrive
de Sticken
pen
de Schrievdisch
skrivebord
dat Lienholt
lineal
dat Book
bog
de Schöler
elev

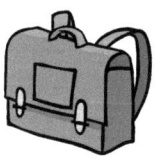

de Ranzel
skoletaske

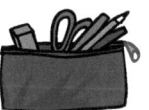

de Feddermapp
penalhus

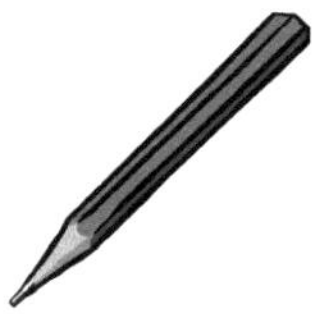

de Bleesticken
blyant

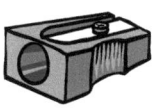

de Scharpmaker
blyantspidser

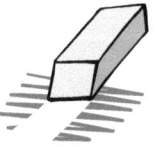

dat Radeergummi
viskelæder

de Tekenblock
tegneblok

de Teken

tegning

de Pinsel

pensel

de Malkassen

æske med vandfarver

de Scheer

saks

de Klever

lim

dat Heft to'n Öven

opgavehefte

de Huusopgaav

lektie

12

de Tall

tal

2+2

tohooptellen

addere

5-2

aftrecken

subtrahere

2×2

malnehmen

multiplicere

reken

regne

A

de Bookstaav

bogstav

ABCDEFG
HIJKLMN
OPQRSTU
VWXYZ

dat ABC

alfabet

hello

dat Woort

ord

de Text

tekst

lesen

læse

de Kried

kridt

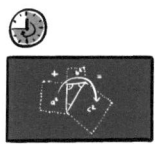

de Stunn

time

dat Klassenbook

klasseprotokol

de Pröven

eksamen

dat Tüügnis

karakterbog

de Schooluniform

skoleuniform

de Utbillen

uddannelse

dat Nakieksel

leksikon

de Universität

universitet

dat Mikroskop

mikroskop

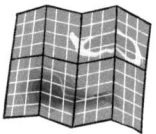

de Koort

kort

de Papeerkorf

papirkurv

de Törn
rejse

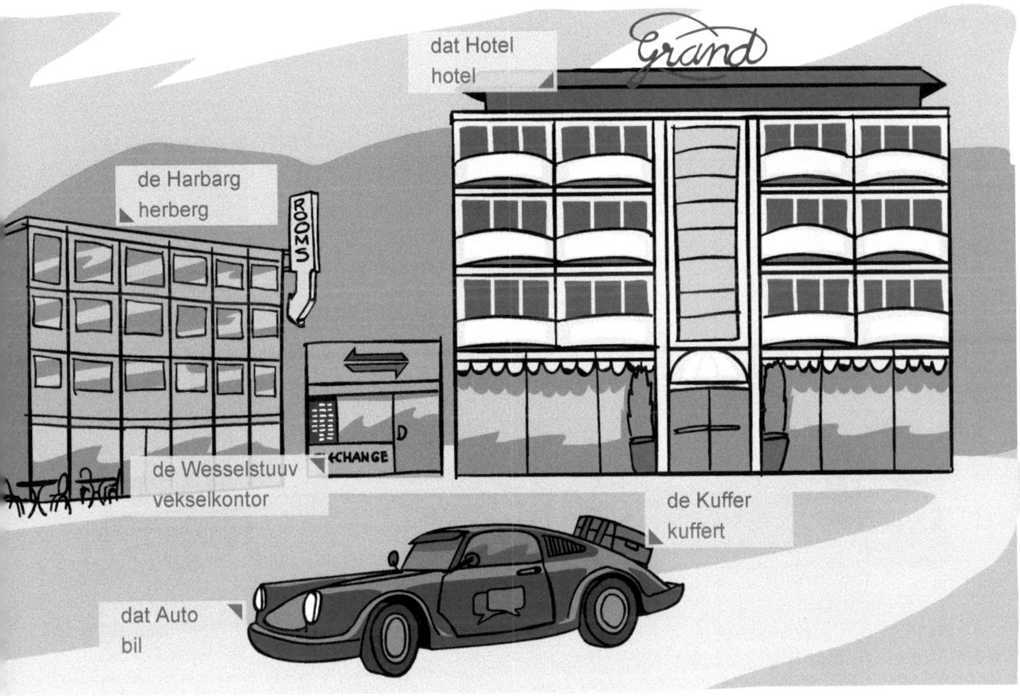
dat Hotel
hotel
Grand
de Harbarg
herberg
ROOMS
EXCHANGE
de Wesselstuuv
vekselkontor
de Kuffer
kuffert
dat Auto
bil

de Spraak

sprog

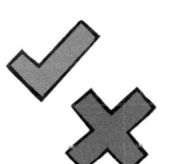

jo / ne

ja / nej

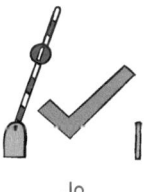

Jo

okay

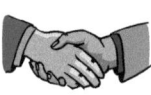

Moin

hej

de Översetter

oversætter

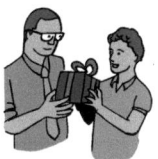

Dank ok

tak

Wat kost...?

hvad koster...?

Ik verstah nich

Jeg forstår ikke

dat Problem

problem

Goden Avend

God aften!

Moin!

God morgen!

Gode Nacht!

God nat!

Tschüüs

farvel

de Richt

retning

de Bagaasch

bagage

de Tasch

taske

de Rüchsack

rygsæk

de Gast

gæst

de Stuuv

værelse

de Slaapsack

sovepose

dat Telt

telt

Touristeninformatschoon

turistinformation

de Strand

strand

de Kreditkoort

kreditkort

dat Fröhstück

morgenmad

dat Meddageten

middagsmad

dat Avendeten

aftensmad

de Fohrkort

billet

de Fohrstohl

elevator

de Breefmark

frimærke

de Grenz

grænse

de Toll

told

de Dottschop

ambassade

dat Visum

visum

de Pass

pas

de Törn - rejse

de Transport
transport

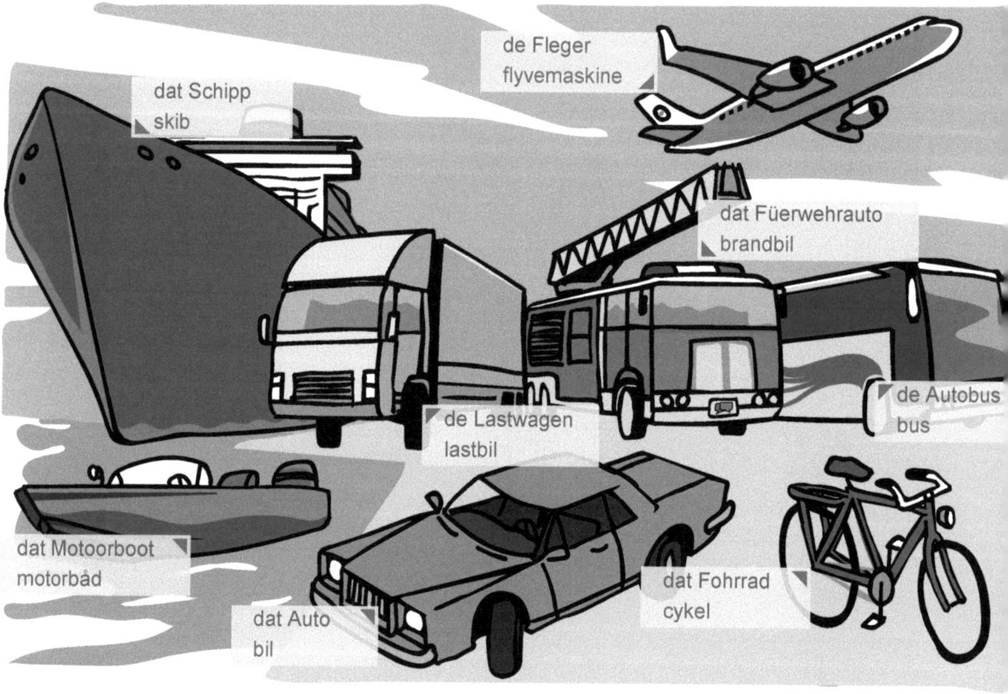
de Fleger
flyvemaskine
dat Schipp
skib
dat Füerwehrauto
brandbil
de Autobus
bus
de Lastwagen
lastbil
dat Motoorboot
motorbåd
dat Fohrrad
cykel
dat Auto
bil

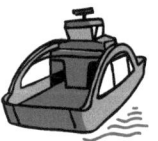

de Fähr

færge

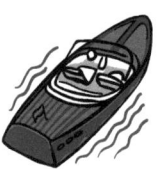

dat Boot

båd

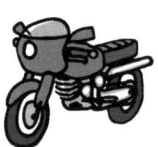

dat Motoorrad

motorcykel

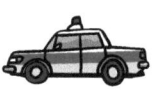

dat Polizeiauto

politibil

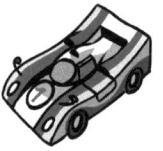

dat Rönnauto

racerbil

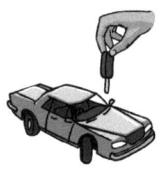

de Lehnwagen

lejebil

dat Carsharing

samkørsel

de Afsleepwagen

kranbil

dat Müllauto

skraldebil

de Motoor

motor

de Kraftstoff

benzin

de Tanksteed

tankstation

dat Verkehrsschild

trafikskilt

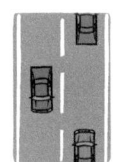

de Verkehr

trafik

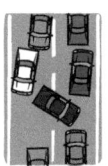

de Stau

trafikprop

de Afstellplatz

parkeringsplads

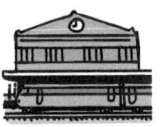

de Bahnhoff

banegård

de Sporen

skinner

de Tog

tog

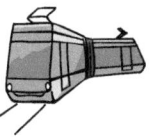

de Stratenbahn

sporvogn

de Wagon

wagon

de Dwarsmöhl

helikopter

de Flooghaven

lufthavn

de Tower

tårn

de Fohrgast

passager

de Grootkist

container

de Karton

karton

de Koor

kærre

de Korf

kurv

starten / lannen

starte / lande

de Stadt

by

dat Dörp

landsby

de Binnenstadt

bymidte

dat Huus

hus

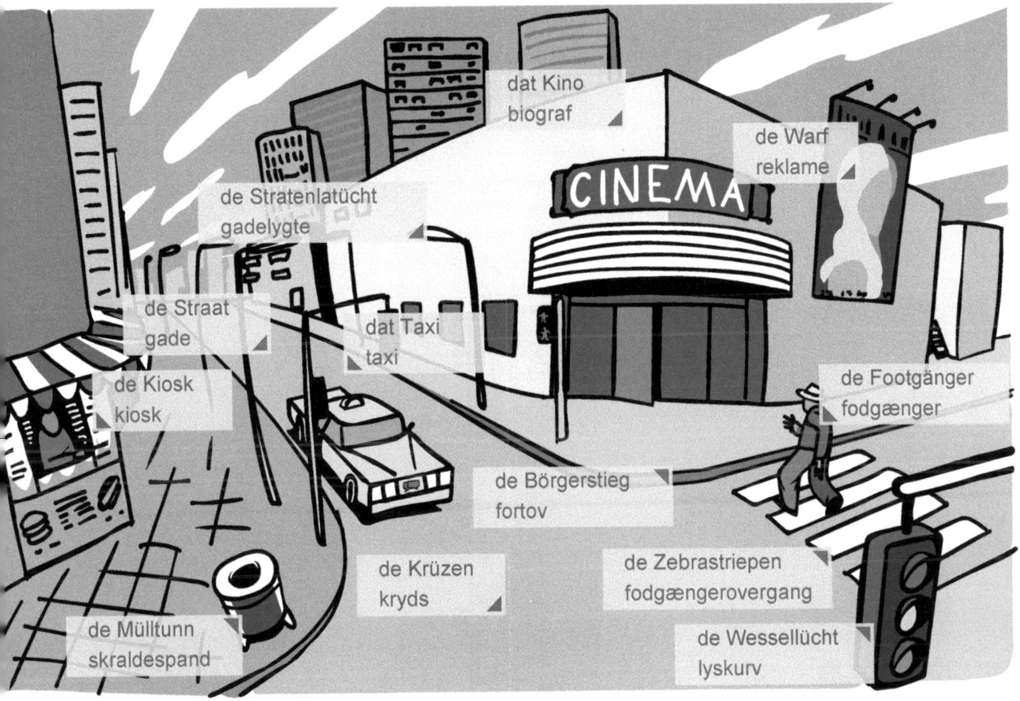

de Stratenlatücht
gadelygte

dat Kino
biograf

de Warf
reklame

CINEMA

de Straat
gade

dat Taxi
taxi

de Kiosk
kiosk

de Footgänger
fodgænger

de Börgerstieg
fortov

de Krüzen
kryds

de Zebrastriepen
fodgængerovergang

de Mülltunn
skraldespand

de Wessellücht
lyskurv

de Hütt
hytte

de Wahnung
lejlighed

de Bahnhoff
banegård

dat Raathuus
rådhus

dat Museum
museum

de School
skole

de Universität

universitet

de Bank

bank

dat Krankenhuus

sygehus

dat Hotel

hotel

de Afteek

apotek

dat Büro

kontor

de Bookhökerie

boghandel

de Hökerie

butik

de Blomenhökerie

blomsterbutik

de Supermarkt

supermarked

de Markt

marked

dat Koophuus

stormagasin

de Fischhökerie

fiskehandler

dat Inkoopszentrum

butikscenter

de Haven

havn

de Stadt - by

de Parkanlaag

park

de Bank

bænk

de Brüch

bro

de Trepp

trappe

de Ünnergrundbahn

undergrundsbane

de Tunnel

tunnel

de Busstoppsteed

busstoppested

de Bar

barnevogn

dat Spieslokal

restaurant

de Breefkassen

postkasse

dat Stratenschild

vejskilt

de Parkklock

parkometer

de Deertenpark

zoo

de Baadanstalt

badeanstalt

de Moschee

moske

de Buernhoff

bondegård

de Ümweltversmudden

miljøforurening

de Karkhoff

kirkegård

de Kark

kirke

de Speelplatz

legeplads

de Tempel

tempel

de Landschop
landskab

dat Blatt
blad

de Wiespahl
vejviser

de Weg
vej

de Wisch
eng

de Steen
sten

de Boom
træe

de Wannerer
vandrer

de Fluss
flod

dat Gras
græs

de Bloom
blomst

dat Daal
dal

de Barg
bjerg

de See
sø

dat Holt
skov

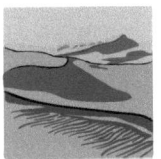

de Wööst
ørken

de Füerspien Barg
vulkan

dat Slott
slot

de Regenbagen
regnbue

de Poggenstohl
svamp

de Palm
palme

de Steekmück
moskito

de Fleeg
flue

de Miegeemk
myre

de Imm
bi

de Spinn
edderkop

de Sebber

bille

de Pogg

frø

de Katteker

egern

de Swienegel

pindsvin

de Haas

hare

de Uul

ugle

de Vagel

fugl

de Swaan

svane

dat Wildswien

vildsvin

de Hirsch

hjort

de Elk

elg

de Staudamm

dæmning

dat Windrad

vindmølle

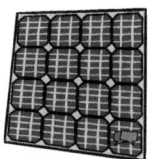

dat Solarmodul

solcellemodul

dat Klima

klima

dat Spieslokal
restaurant

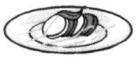

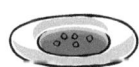

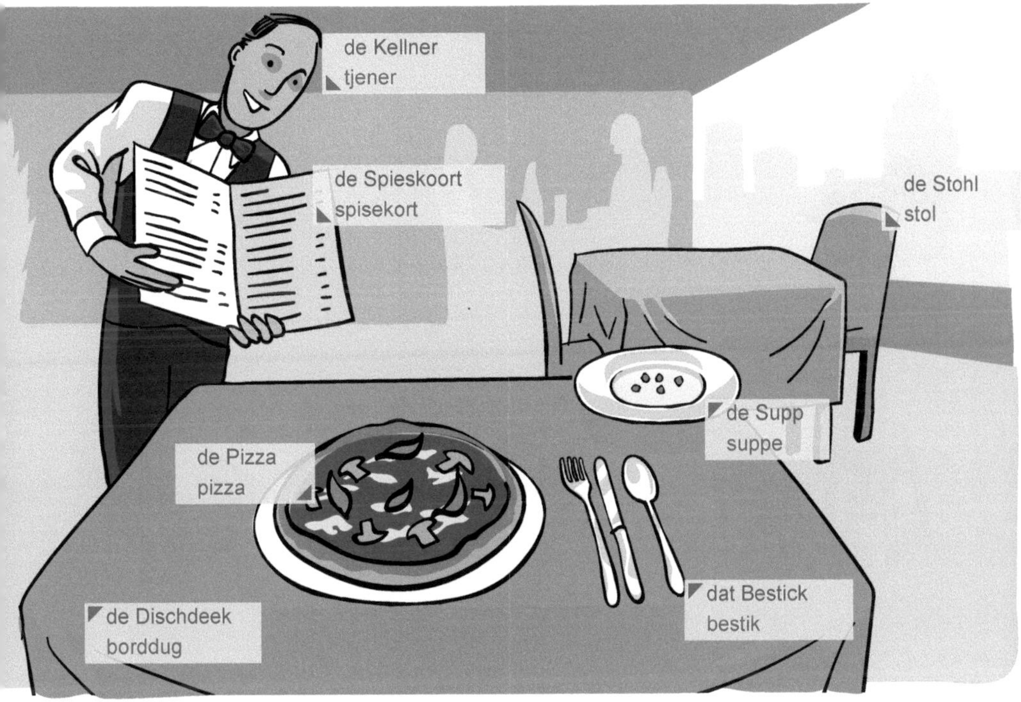

de Kellner
tjener
de Spieskoort
spisekort
de Stohl
stol
de Supp
suppe
de Pizza
pizza
dat Bestick
bestik
de Dischdeek
borddug

de Vörspies

forret

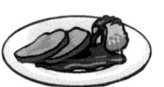

dat Haupteten

hovedret

de Nadisch

dessert

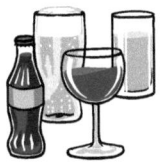

de Drünk

drikkevarer

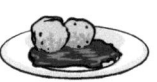

dat Eten

mad

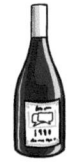

de Buddel

flaske

dat Fastfood

fastfood

dat Strateneten

streetfood

de Teekann

tekande

de Zuckerdoos

sukkerdåse

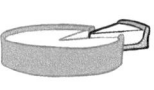

de Portschoon

portion

de Espressomaschien

espressomaskine

de Hoochstohl

barnestol

de Reken

faktura

dat Tablett

tablet

dat Mess

kniv

de Gavel

gaffel

de Lepel

ske

de Teelepel

teske

dat Munddook

serviet

dat Glas

glas

dat Spieslokal - restaurant

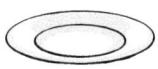

de Töller

tallerken

de Suppentöller

dyb tallerken

de Ünnertass

underkop

de Sooß

sovs

de Soltstreuer

saltbøsse

de Pepermöhl

peberkværn

de Etig

eddike

dat Ööl

olie

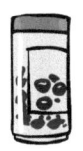

de Krüder

krydderier

de Ketchup

ketchup

de Mostrich

sennep

de Mayonnaise

mayonnaise

de Supermarkt
supermarked

dat Anbott
tilbud
FOR
de Kunn
kunde
de Melkprodukten
mælkeprodukter
dat Aaft
frugt
de Inkoopswagen
indkøbsvogn

BUTCHERS

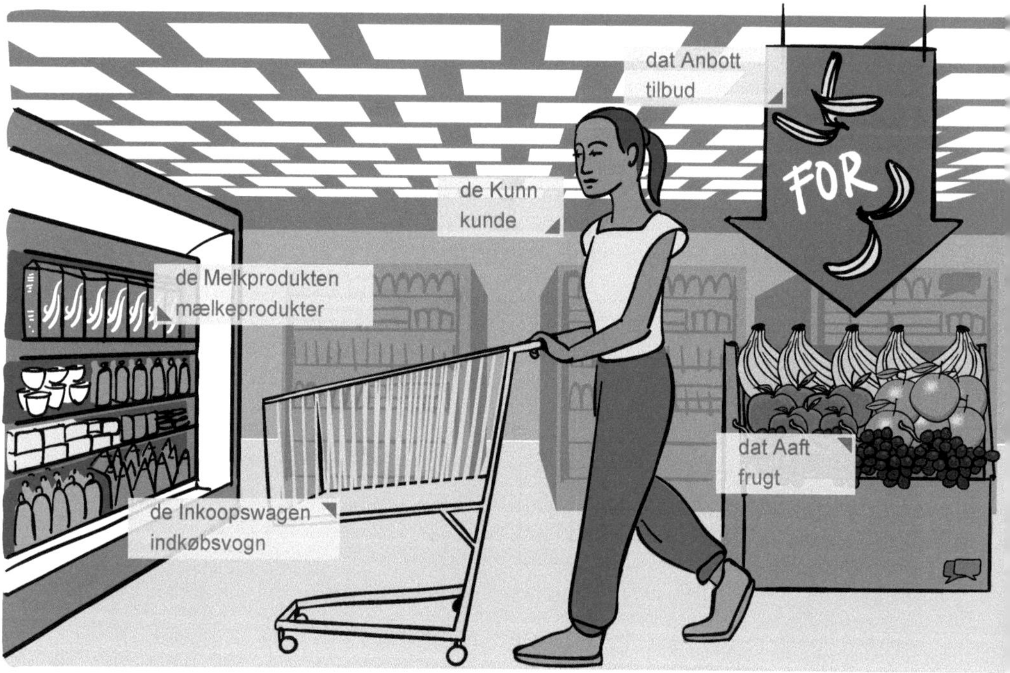

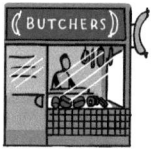

de Slachterie

slagter

BAKERY

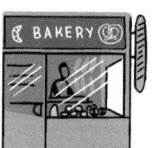

de Bäckerie

bageri

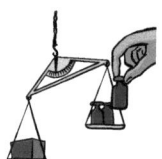

wegen

veje

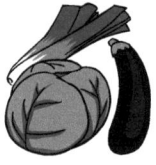

de Gröönsaken

grøntsager

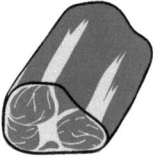

dat Fleesch

kød

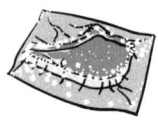

de Deepköhlkost

frostvarer

de Opsnitt

pålæg

de Konserven

konserves

de Waschmiddel

vaskemiddel

de Snoopkraam

slik

de Huushooltssaken

husholdningsvarer

de Reinmaaktüüch

rengøringsmidler

de Verköpersche

ekspedient

de Kass

kasse

de Kasserer

kasserer

de Inkoopslist

indkøbsliste

de Opsparrtieden

åbningstider

de Breeftasch

tegnebog

de Kreditkoort

kreditkort

de Tasch

taske

de Plastiktüüt

plasticpose

de Supermarkt - supermarked

dat Water

vand

de Saft

saft

de Melk

mælk

de Cola

cola

de Wien

vin

dat Beer

øl

de Spriet

alkohol

de Kakao

kakao

de Tee

te

de Koffie

kaffe

de Espresso

espresso

de Cappucino

cappuccino

de Banaan

banan

de Appel

æble

de Appelsien

appelsin

de Meloon

melon

de Zitroon

citron

de Wöttel

gulerod

de Knuuvlook

hvidløg

de Bambus

bambus

de Zibbel

løg

de Poggenstohl

svamp

de Nööt

nødder

de Nudeln

nudler

de Spaghetti

spaghetti

de Ries

ris

de Salat

salat

de Pommes frites

pomfritter

de Braadkantüffeln

stegte kartofler

de Pizza

pizza

de Hamborger

hamburger

dat Sandwich

sandwich

dat Snitzel

schnitzel

de Schinken

skinke

de Salami

salami

de Wust

pølse

dat Hohn

kylling

de Braden

steg

de Fisch

fisk

dat Eten - mad

de Haverflocken

havregryn

dat Müsli

mysli

de Cornflakes

cornflakes

dat Mehl

mel

de Croissant

croissant

dat Rundstück

rundstykke

dat Broot

brød

dat Toast

toast

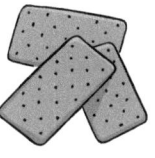

de Keksen

kiks

de Botter

smør

de Quark

kvark

de Koken

kage

dat Ei

æg

dat Spegelei

spejlæg

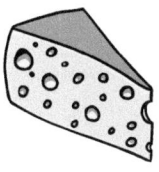

de Kees

ost

de Ies
is

de Zucker
sukker

de Honnig
honning

de Marmelaad
marmelade

de Nougat-Creme
nougat-creme

dat Curry
karry

de Buernhoff
bondegård

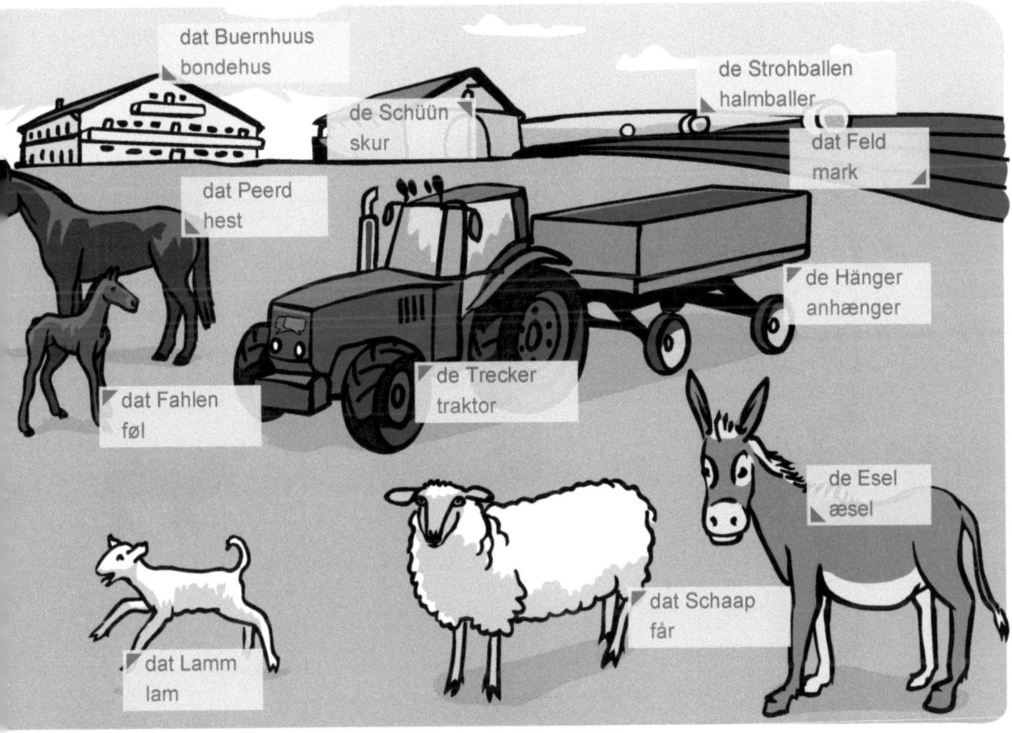
dat Buernhuus
bondehus
de Schüün
skur
de Strohballen
halmballer
dat Feld
mark
dat Peerd
hest
de Hänger
anhænger
de Trecker
traktor
dat Fahlen
føl
de Esel
æsel
dat Schaap
får
dat Lamm
lam

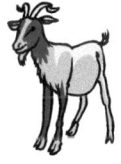

de Zeeg

ged

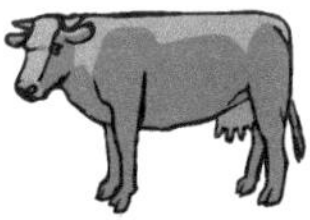
de Koh

ko

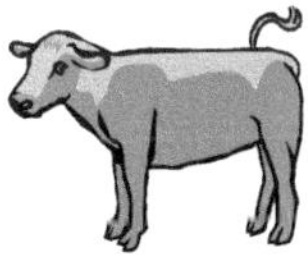
dat Kalf

kalv

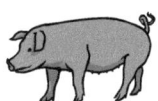

dat Swien

svin

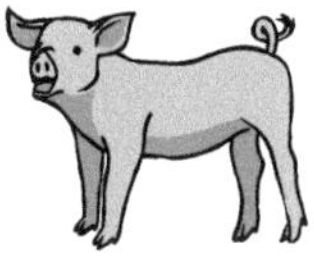
dat Farken

gris

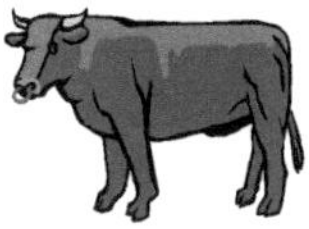
de Bull

tyr

de Goos

gås

de Aant

and

dat Küken

kylling

dat Hohn

høne

de Hahn

hane

de Rott

rotte

de Katt

kat

de Muus

mus

de Oss

okse

de Hund

hund

de Hunnenhütt

hundehus

de Goornslauch

haveslange

de Geetkann

vandkande

de Lee

le

de Ploog

plov

de Sich

segl

de Hack

hakkejern

de Mestfork

møggreb

de Ext

økse

de Schuufkoor

trillebør

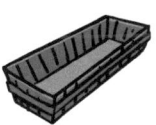

de Trog

trug

de Melkkann

mælkekande

de Sack

sæk

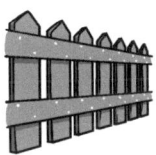

de Tuun

hæk

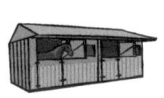

de Stall

stald

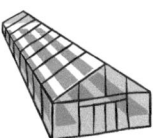

dat Drievhuus

drivhus

de Bodden

jord

de Saat

frø

de Dünger

gødning

de Meihdöscher

mejetærsker

oornen
høste

de Oorn
høst

de Yamswöttel
yams

de Weten
hvede

dat Soja
soja

de Kantüffel
kartoffel

de Törksche Weten
majs

de Rapp
raps

de Aaftboom
frugttræ

de Troopsch Kantüffel
maniok

dat Koorn
korn

dat Huus
hus

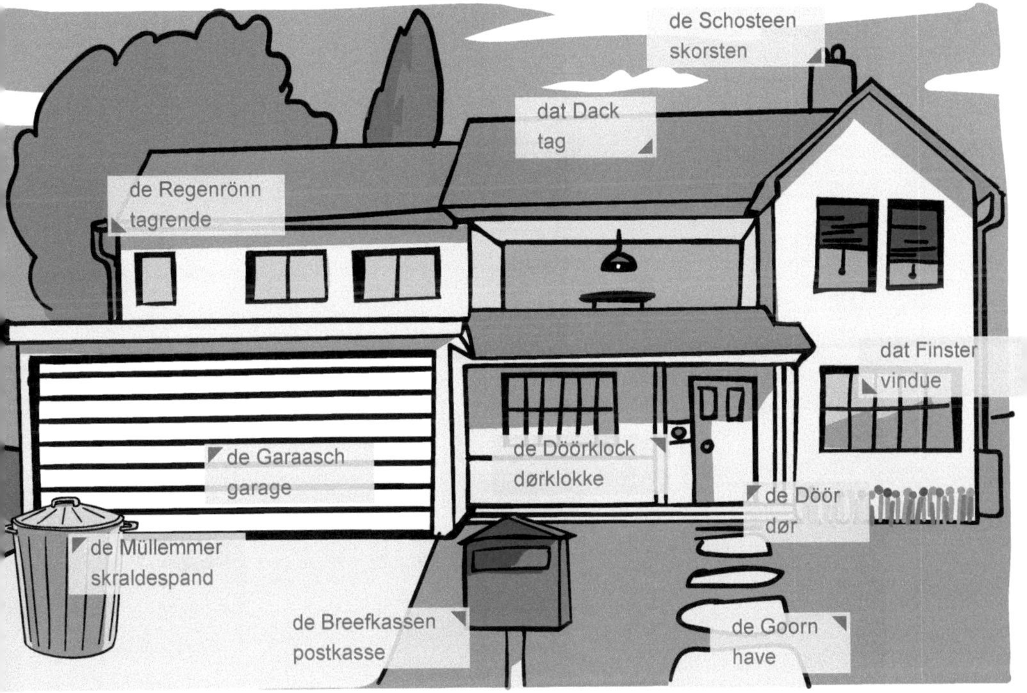
de Schosteen
skorsten
dat Dack
tag
de Regenrönn
tagrende
dat Finster
vindue
de Garaasch
garage
de Döörklock
dørklokke
de Döör
dør
de Müllemmer
skraldespand
de Breefkassen
postkasse
de Goorn
have

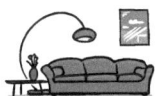

de Wahnstuuv

stue

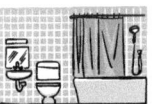

de Baadstuuv

badeværelse

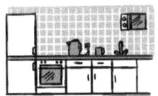

de Köök

køkken

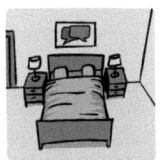

de Slaapstuuv

soveværelse

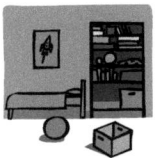

de Kinnerstuuv

børneværelse

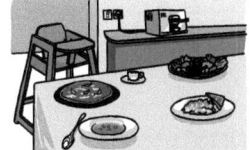

de Eetstuuv

spisestue

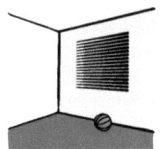

de Footbodden

gulv

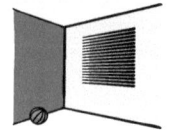

de Wand

væg

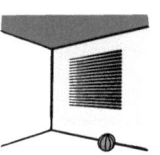

de Deek

loft

de Keller

kælder

dat Hittluftbad

sauna

de Balkon

altan

de Terrass

terrasse

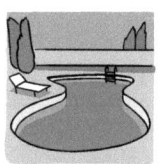

dat Swümmbad

svømmehal

de Rasenmeiher

plæneklipper

de Bettbetog

dynebetræk

de Bettdeek

dyne

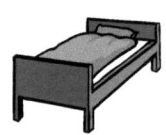

de Puuch

seng

de Bessen

kost

de Emmer

spand

de Schalter

kontakt

de Wahnstuuv

stue

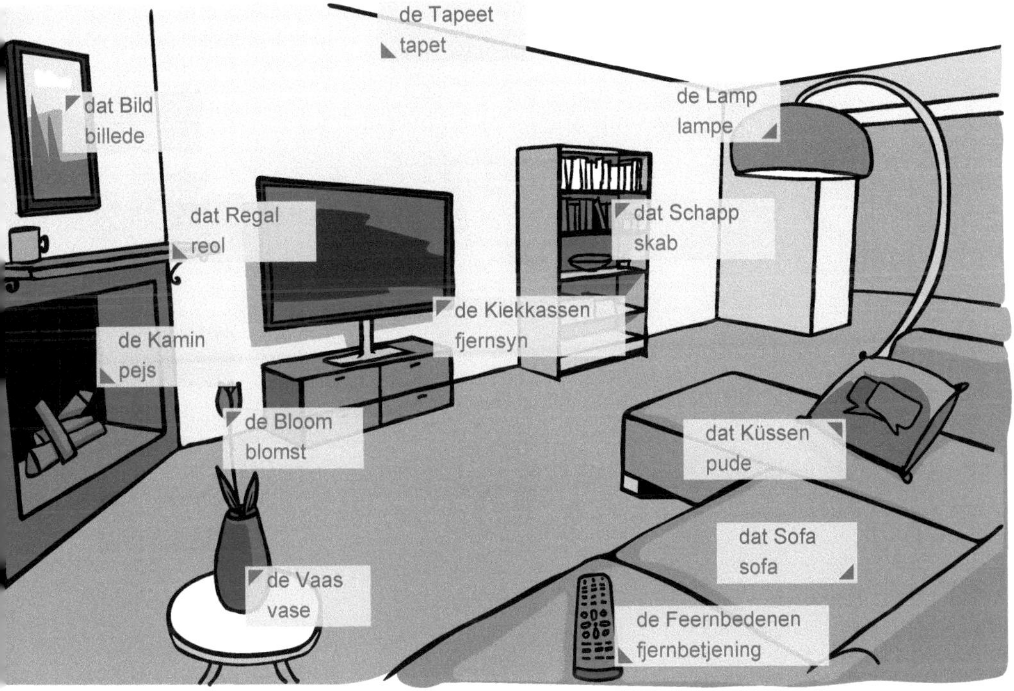

de Tapeet
tapet
dat Bild
billede
de Lamp
lampe
dat Regal
reol
dat Schapp
skab
de Kiekkassen
fjernsyn
de Kamin
pejs
de Bloom
blomst
dat Küssen
pude
dat Sofa
sofa
de Vaas
vase
de Feernbedenen
fjernbetjening

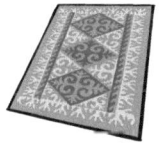

de Teppich
gulvtæppe

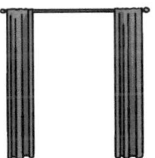

de Vörhang
gardin

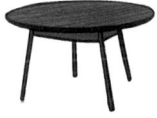

de Disch
bord

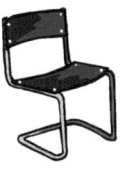

de Stohl
stol

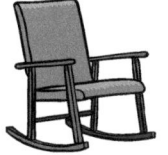

de Schuckelstohl
gyngestol

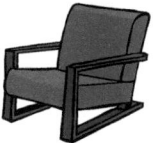

de Sessel
lænestol

dat Book
bog

de Deek
tæppe

de Dekoratschoon
dekoration

dat Füerholt
brænde

de Film
film

de Stereoanlaag
stereoanlæg

de Slötel
nøgle

dat Narichtenblatt
avis

dat Gemälde
maleri

dat Poster
plakat

dat Radio
radio

de Opschrievblock
notesblok

de Huulbessen
støvsuger

de Kaktus
kaktus

de Kars
lys

de Wahnstuuv - stue

de Köök
køkken

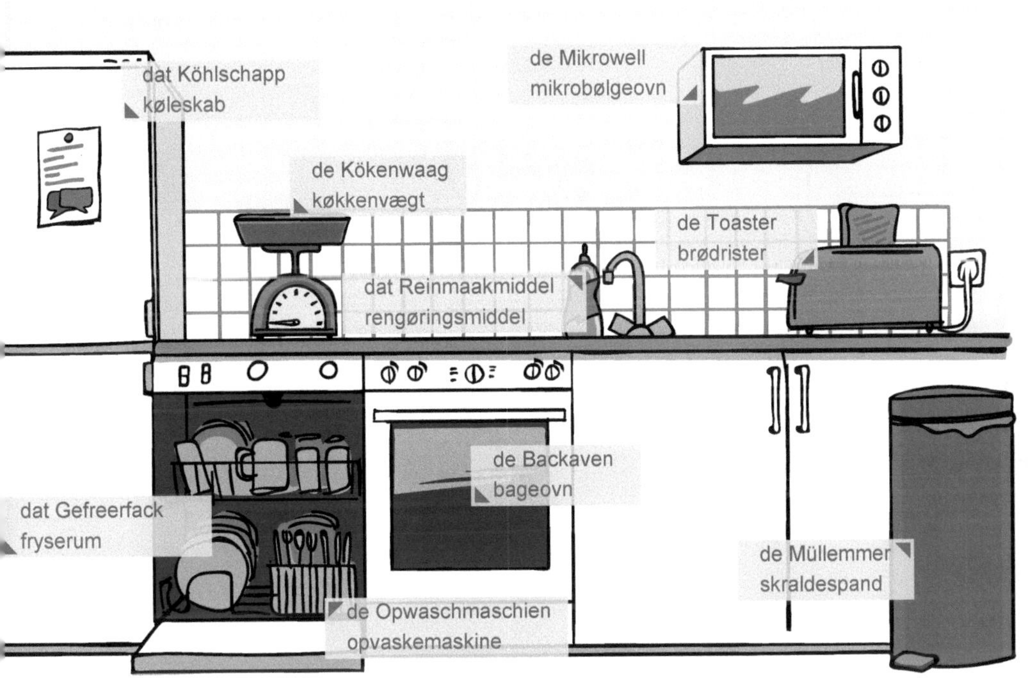
dat Köhlschapp
køleskab
de Mikrowell
mikrobølgeovn
de Kökenwaag
køkkenvægt
de Toaster
brødrister
dat Reinmaakmiddel
rengøringsmiddel
de Backaven
bageovn
dat Gefreerfack
fryserum
de Müllemmer
skraldespand
de Opwaschmaschien
opvaskemaskine

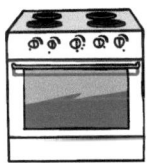

de Heerd
komfur

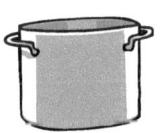

de Pott
gryde

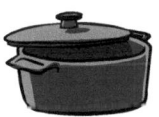

de Gussiesern Putt
jerngryde

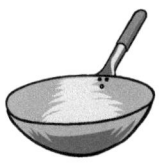

de Wok / Kadai
wok / kadai

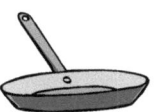

de Pann
pande

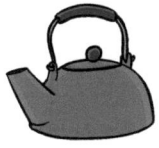

de Waterkaker
elkedel

de Dampkaakputt

dampkoger

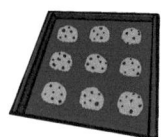

dat Backblick

bageplade

dat Geschirr

service

de Beker

bæger

de Schaal

skål

de Eetsticken

spisepinde

de Suppenkell

øseske

de Pannenwenner

paletkniv

de Sneebessen

piskeris

dat Kaakseef

dørslag

dat Seef

si

de Riev

rive

de Mörser

morter

de Grill

grille

de Füerstell

ildsted

dat Sniedbrett

skærebræt

dat Nudelholt

kagerulle

de Proppentrecker

proptrækker

de Doos

dåse

de Dosenaapner

dåseåbner

de Pottlappen

grydelap

dat Waschbecken

køkkenvask

de Böst

børste

de Swamm

svamp

de Mixer

blender

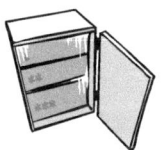

dat Iesschapp

dybfryser

de Nuckelbuddel

sutteflaske

de Waterhahn

vandhane

de Baadstuuv
badeværelse

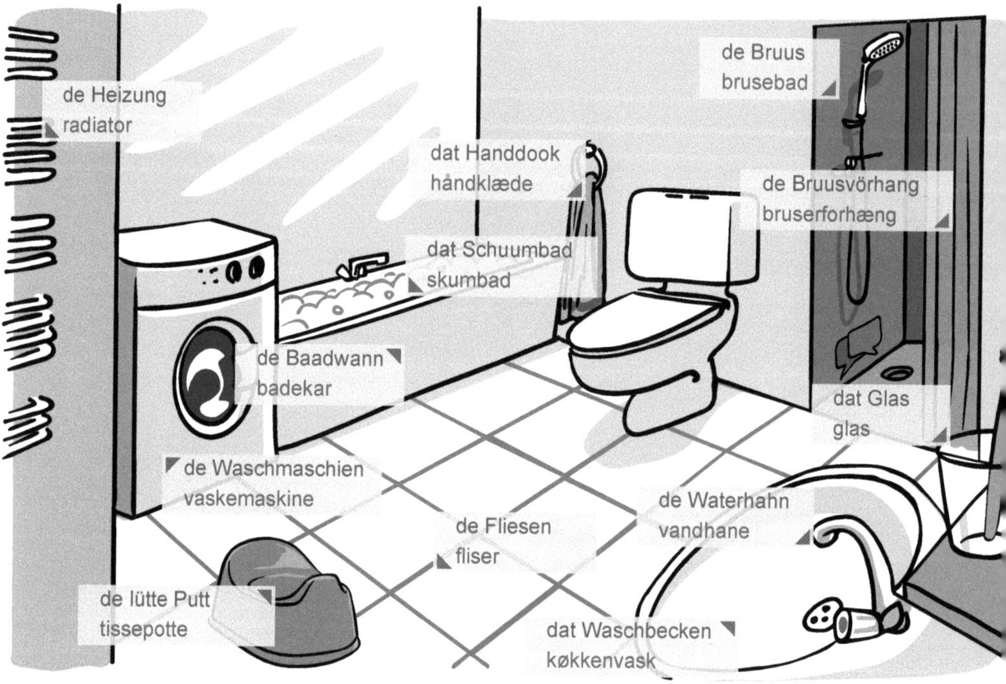
de Heizung
radiator
dat Handdook
håndklæde
de Bruus
brusebad
de Bruusvörhang
bruserforhæng
dat Schuumbad
skumbad
de Baadwann
badekar
dat Glas
glas
de Waschmaschien
vaskemaskine
de Fliesen
fliser
de Waterhahn
vandhane
de lütte Putt
tissepotte
dat Waschbecken
køkkenvask

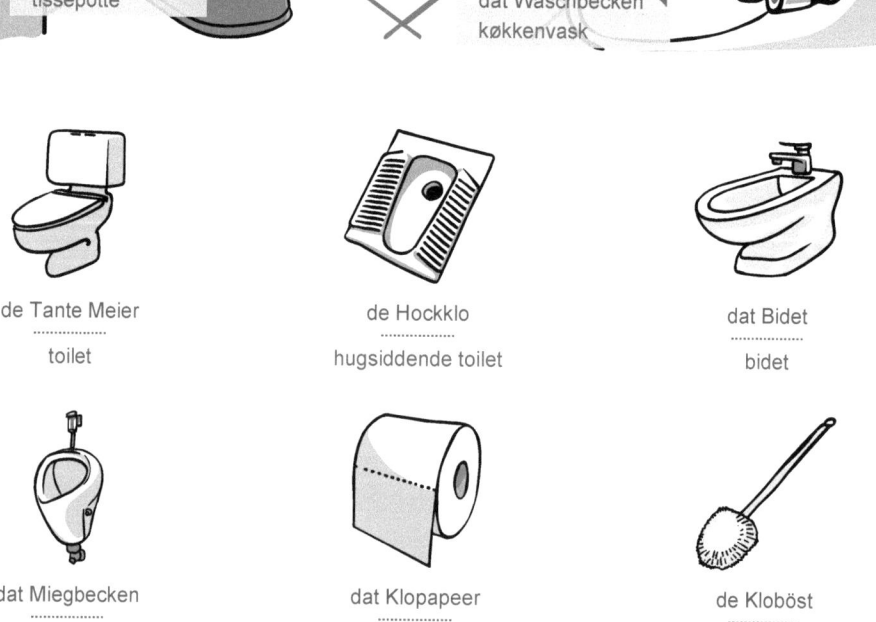

de Tante Meier

toilet

de Hockklo

hugsiddende toilet

dat Bidet

bidet

dat Miegbecken

pissoir

dat Klopapeer

toiletpapir

de Kloböst

toiletbørste

de Tähnböst

tandbørste

de Tähnpast

tandpasta

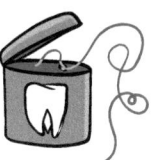

de Tähnsied

tandtråd

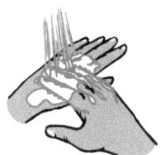

waschen

vaske

de Handbruus

håndbruser

de Intimbruus

intimbruser

de Waschschöttel

vaskefad

de Rüchböst

badebørste

de Seep

sæbe

dat Bruusgeel

brusegele

dat Hoorwaschmiddel

shampoo

de Waschlappen

vaskeklud

de Afloop

afløb

de Creme

creme

dat Deodorant

deodorant

de Spegel

spejl

de Kosmetikspegel

kosmetikspejl

de Raserer

barberhøvl

de Raseerschuum

barberskum

dat Raseerwater

barbervand

de Kamm

kam

de Böst

børste

de Hoordröger

hårtørrer

dat Hoorspray

hårspray

de Smink

makeup

de Lippensticken

læbestift

de Nagellack

neglelak

de Watt

vat

de Nagelscheer

neglesaks

dat Rüükwater

parfume

de Kulturbüdel

toilettaske

de Schemel

skammel

de Waag

vægt

de Baadmantel

badekåbe

de Gummihanschen

gummihandsker

de Tampon

tampon

de Damenbinn

damebind

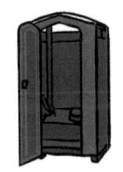

dat Chemieklo

kemisk toilet

de Kinnerstuuv

børneværelse

de Wecker
vækkeur
dat Knudeldeert
bamse
dat Speeltüüchauto
legetøjsbil
de Klöter
skralde
dat Poppenhuus
dukkehus
dat Geschenk
gave

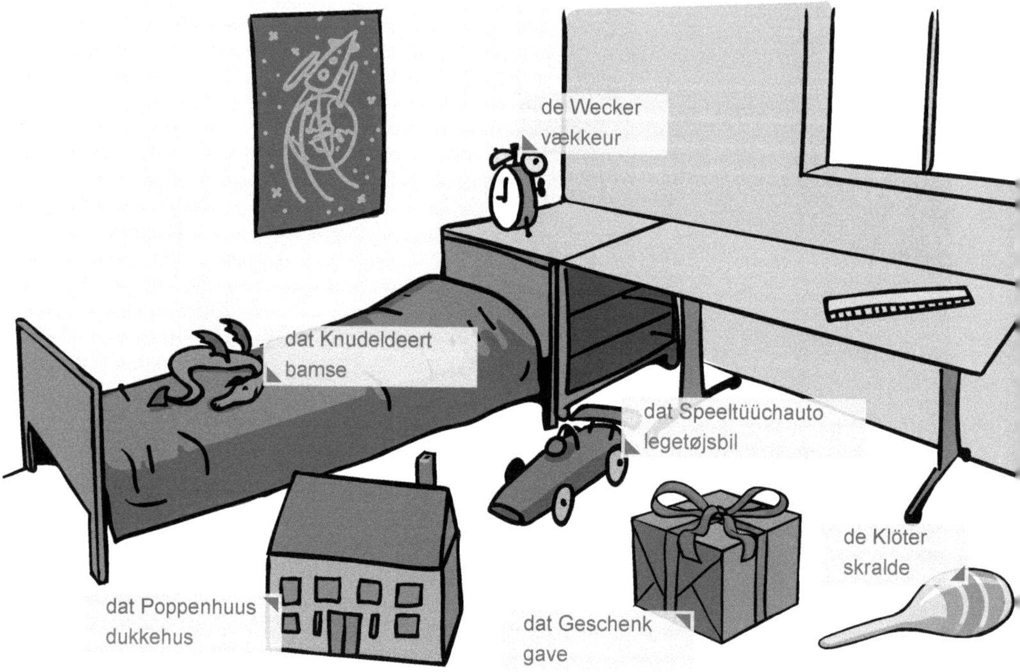

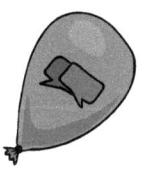

de Luftballon

ballon

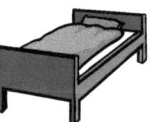

de Puuch

seng

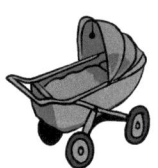

de Kinnerwagen

barnevogn

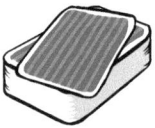

dat Koortenspeel

kortspil

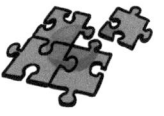

dat Puzzle

puslespil

de Billergeschicht

tegneserie

de Legostenen

legoklodser

de Bustenen

byggeklodser

de Action-Figur

action figur

de Strampelantog

sparkedragt

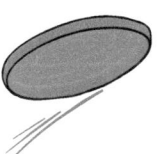

de Frisbeeschiev

frisbee

dat Mobile

uro

dat Brettspeel

brætspil

de Wörpel

terning

de Modelliesenbahn

modeljernbane

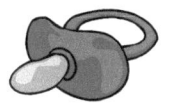

de Snuller

sut

do Party

fest

dat Billerbook

billedbog

de Ball

bold

de Popp

dukke

spelen

lege

de Sandkassen

sandkasse

de Schuckel

gynge

dat Speeltüüch

legetøj

de Speelkonsool

spillekonsol

dat Dreerad

trehjulet cykel

de Teddyboor

bamse

dat Klederschapp

klædeskab

dat Tüüch

tøj

de Socken

sokker

de Strümp

strømper

de Strumpbüx

strømpebukser

dat Halsdook
sjal

de Liefreem
bælte

de Paraplü
paraply

dat T-Shirt
T-shirt

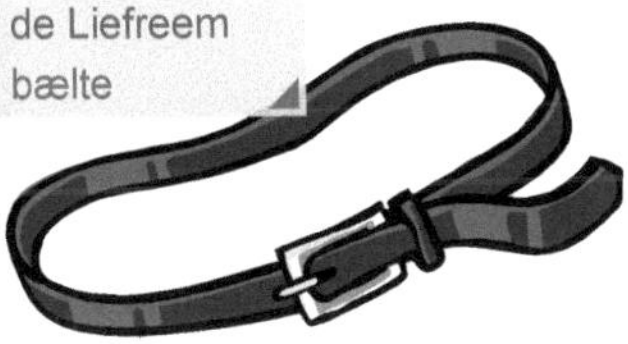

de Stevel
støvler

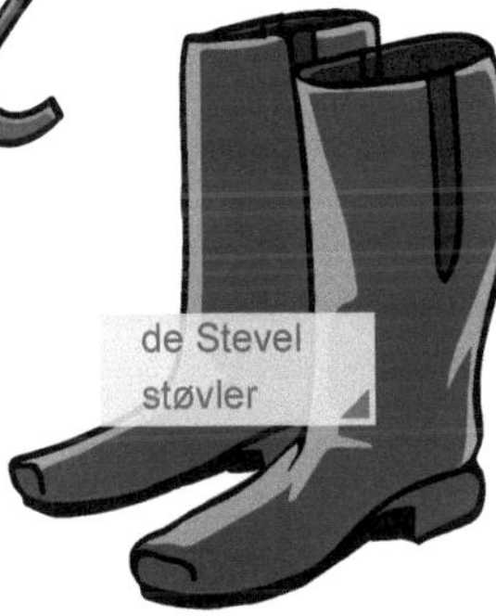

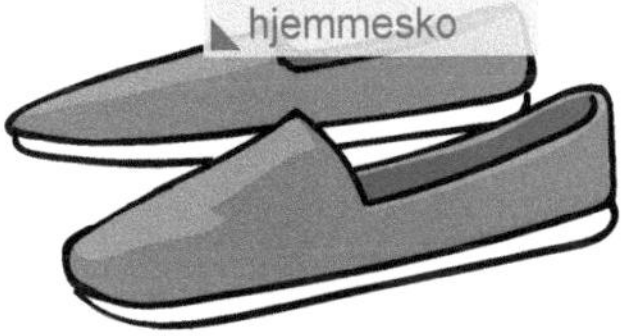

de Puuschen
hjemmesko

de Turnschoh
sneakers

de Sandalen
....
sandaler

de Schoh
....
sko

de Gummistevel
....
gummistøvler

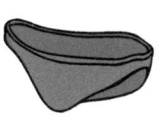

de Ünnerbüx
....
underbukser

de Bostholler
....
BH

dat Ünnerhemd
....
undertrøje

dat Tüüch - tøj

de Lief

body

de Büx

bukser

de Jeansnüx

jeans

de Rock

nederdel

de Bluus

bluse

dat Hemd

skjorte

de Pullover

pullover

de Kapuzenpullover

sweatshirt

de Blazer

blazer

de Jack

jakke

de Mantel

frakke

de Övertrecker

regnfrakke

dat Kostüm

kostume

dat Kleed

kjole

dat Hochtietskleed

brudekjole

dat Tüüch - tøj

de Antog

jakkesæt

dat Nachtkleed

nattrøje

de Slaapantog

pyjamas

de Sari

sari

dat Koppdook

hovedtørklæde

de Turban

turban

de Burka

burka

de Kaftan

kaftan

de Abaya

abaya

de Baadantog

badedragt

de Baadbüx

badebukser

de Korte Büx

korte bukser

de Antog to'n Öven

træningsdragt

de Schört

forklæde

de Handschoh

handsker

de Knopp

knap

de Brill

briller

dat Armband

armbånd

de Halskeed

kæde

de Ring

ring

de Ohrbummel

ørering

de Mütz

hue

de Klederbögel

bøjle

de Hoot

hat

de Binner

slips

de Rietslüter

lynlås

de Helm

hjelm

dat Drachtband

seler

de Schooluniform

skoleuniform

de Uniform

uniform

de Severböten
....
hagesmæk

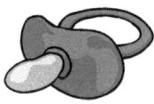

de Snuller
....
sut

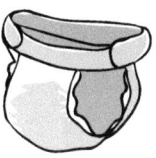

de Winnel
....
ble

dat Büro
kontor

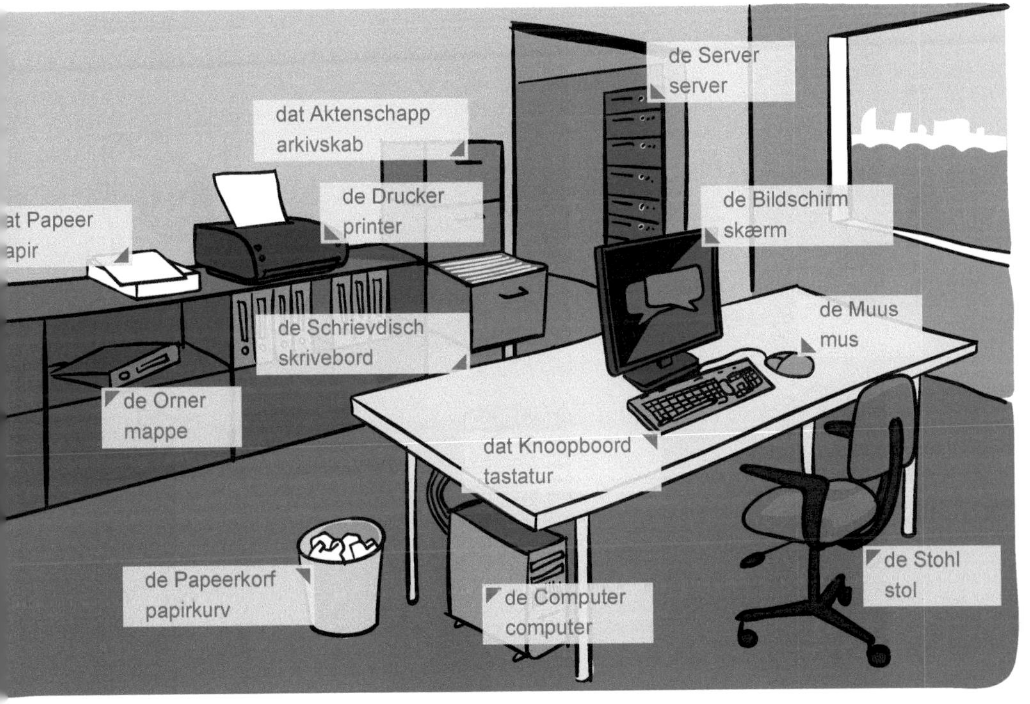

de Server
server

dat Aktenschapp
arkivskab

de Drucker
printer

de Bildschirm
skærm

at Papeer
apir

de Schrievdisch
skrivebord

de Muus
mus

de Orner
mappe

dat Knoopboord
tastatur

de Papeerkorf
papirkurv

de Stohl
stol

de Computer
computer

de Koffiebeker
....
kaffekrus

de Taschenreekner
....
lommeregner

dat Internet
....
internet

de Klappreekner

bærbar

de Breef

brev

de Naricht

besked

de Ackersnacker

mobil

dat Nettwark

netværk

de Kopeerapparat

kopimaskine

de Software

software

de Klöönkassen

telefon

de Steekdoos

stikdåse

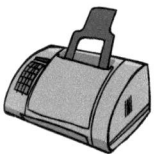

de Faxapparat

fax

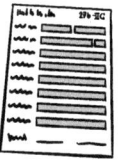

dat Formulor

formular

dat Dokument

dokument

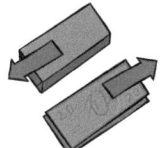

köpen

købe

betahlen

betale

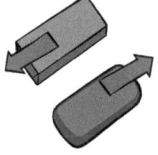

hanneln

handle

dat Geld

penge

de Dollar

dollar

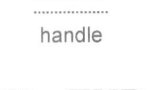

de Euro

euro

de Yen

yen

de Ruvel

rubel

de Swiezer Franken

schweizerfranc

de Renminbi Yuan

renminbi yuan

de Rupie

rupee

de Geldautomat

hæveautomat

de Wesselstuuv

vekselkontor

dat Gold

guld

dat Sülver

sølv

dat Ööl

olie

de Energie

energi

de Pries

pris

de Verdrag

kontrakt

de Stüer

skat

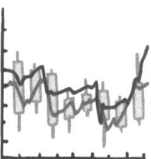

de Andeelschien

aktie

arbeiden

arbejde

de Anstellte

ansat

de Arbeitgever

arbejdsgiver

de Fabrik

fabrik

de Hökerie

butik

de Profeschonen
erhverv

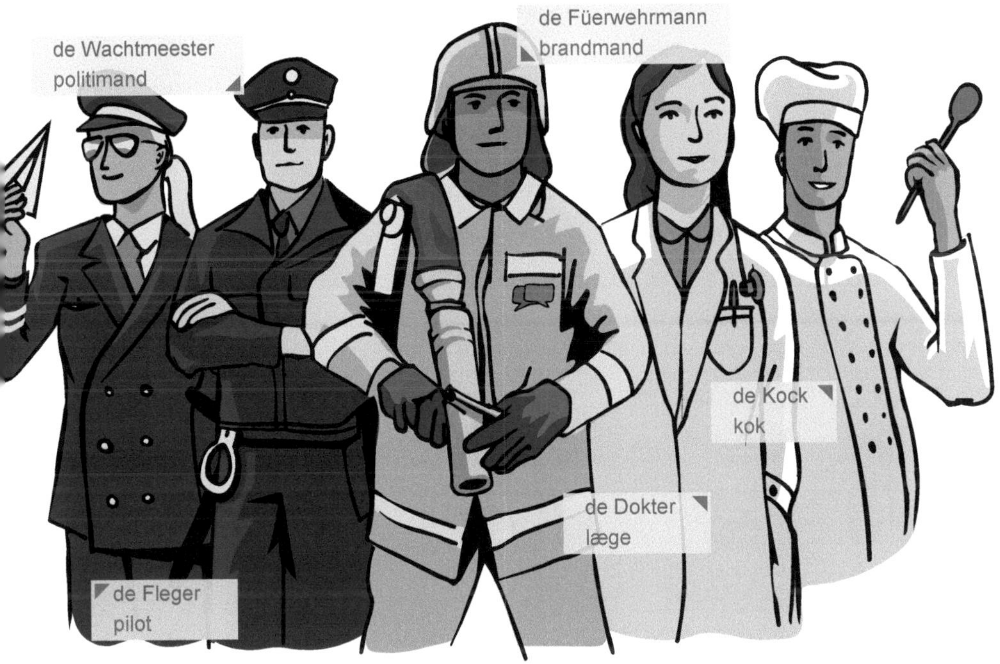
de Wachtmeester
politimand
de Füerwehrmann
brandmand
de Kock
kok
de Dokter
læge
de Fleger
pilot

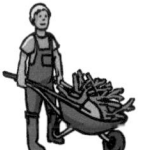

de Goorner

gartner

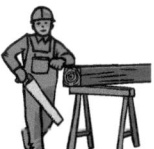

de Discher

tømrer

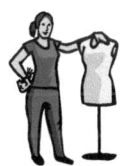

de Neihersche

syerske

de Richter

dommer

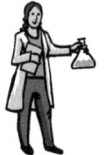

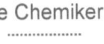

de Chemiker

kemiker

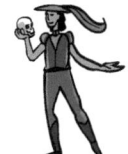

de Schauspeler

skuespiller

de Busfohrer

buschauffør

de Taxifohrer

taxachauffør

de Fischer

fisker

de Reinmaakfru

rengøringskone

de Dackdecker

tagdækker

de Kellner

tjener

de Jäger

jæger

de Maler

maler

de Bäcker

bager

de Elektriker

elektriker

de Buarbeider

bygningsarbejder

de Ingenieur

ingeniør

de Slachter

slagter

de Klempner

vvs-mand

de Postbüdel

postbud

de Profeschonen - erhverv

de Suldat

soldat

de Architekt

arkitekt

de Kasserer

kasserer

de Florist

blomsterhandler

de Putzbüdel

frisør

de Schaffner

togfører

de Mechaniker

mekaniker

de Kaptein

kaptajn

de Tähndokter

tandlæge

de Wetenschopler

videnskabsmand

de Rabbı

rabbiner

de Imam

imam

de Mönk

munk

de Paap

præst

dat Warktüüch

værktøj

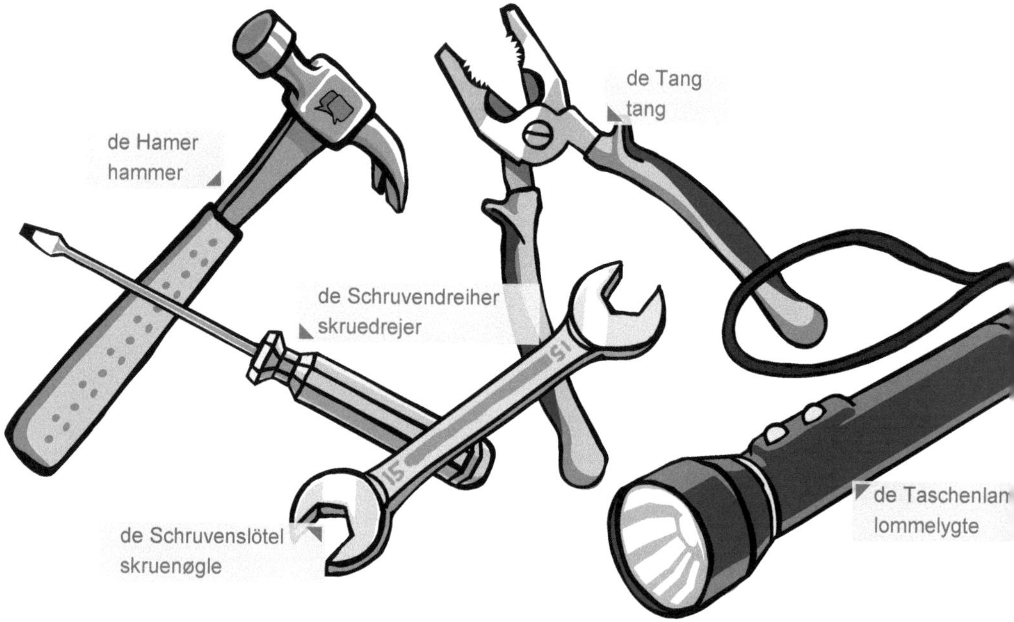

de Tang
tang
de Hamer
hammer
de Schruvendreiher
skruedrejer
de Taschenlan
lommelygte
de Schruvenslötel
skruenøgle

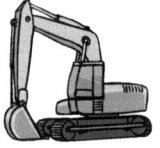

de Grieper

gravemaskine

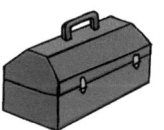

de Warktüüchkassen

værktøjskasse

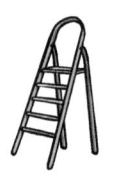

de Ledder

stige

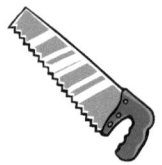

de Saag

sav

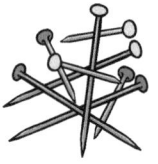

de Nagels

søm

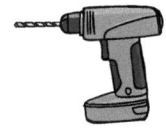

de Bohrer

bor

heelmaken

reparere

de Schüffel

skovl

Schiet!

Lort!

dat Kehrblick

fejebakke

de Farvpott

malerspand

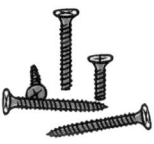

de Schruven

skruer

de Musikinstrumenten
musikinstrumenter

de Luutsnacker
højttaler

dat Slagtüüch
trommer

de Rietfiedel
guitar

de Bass-Vigelien
kontrabas

de Trumpeet
trompet

dat Klaveer

klaver

de Vigelien

violin

de Bass

bas

de Pauk

pauke

de Trummeln

tromme

dat Keyboard

keyboard

dat Saxophon

saxofon

de Fleut

fløjte

dat Mikrofoon

mikrofon

de Deertenpark

zoo

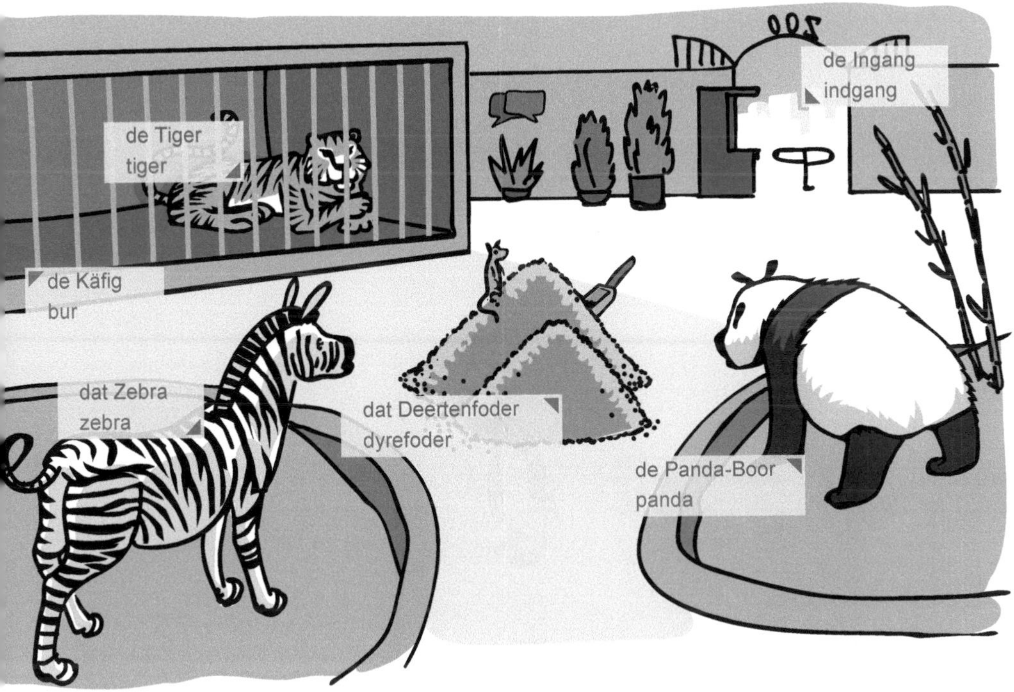

zoo
de Ingang
indgang
de Tiger
tiger
de Käfig
bur
dat Zebra
zebra
dat Deertenfoder
dyrefoder
de Panda-Boor
panda

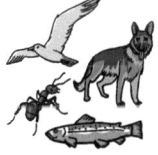

de Deerten

dyr

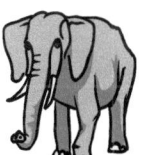

de Elefant

elefant

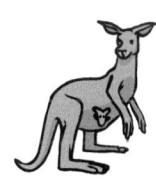

dat Känguru

kænguru

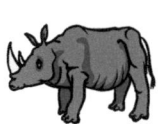

dat Neeshoorn

næsehorn

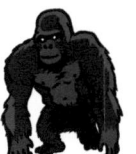

de Gorilla

gorilla

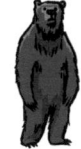

de Boor

bjørn

dat Kameel
....
kamel

de Struuß
....
struds

de Lööv
....
løve

de Aap
....
abe

de Flamingo
....
flamingo

de Papagoi
....
papegøje

de Iesboor
....
isbjørn

de Pinguin
....
pingvin

de Haifisch
....
haj

de Pageluun
....
påfugl

de Slang
....
slange

dat Krokodil
....
krokodille

de Oppasser in'n
Deertenpark
dyrepasser

de Saalhund
....
sæl

de Jaguor
....
jaguar

dat Pony

pony

de Leopard

leopard

dat Nilpeerd

flodhest

de Giraff

giraf

de Aadler

ørn

dat Wildswien

vildsvin

de Fisch

fisk

de Schildkrööt

skildpadde

dat Walross

hvalros

de Voss

ræv

de Gazell

gazelle

de Amerikaansch Football
amerikansk football

dat Radfohren
cykling

dat Tennis
tennis

de Korfball
basketball

dat Swümmen
svømning

dat Boxen
boksning

dat Ieshockey
ishockey

de Football
....
fodbold

dat Fedderball
....
badminton

de Leichtathletik
....
atletik

de Handball
....
håndbold

dat Skilopen
....
skiløb

dat Polo
....
polo

de Aktivitäten
aktiviteter

lachen
grine
springen
springe
ümarmen
give et knus
gahn
gå
singen
synge
drömen
drømme
beden
bede
snuteln
kysse

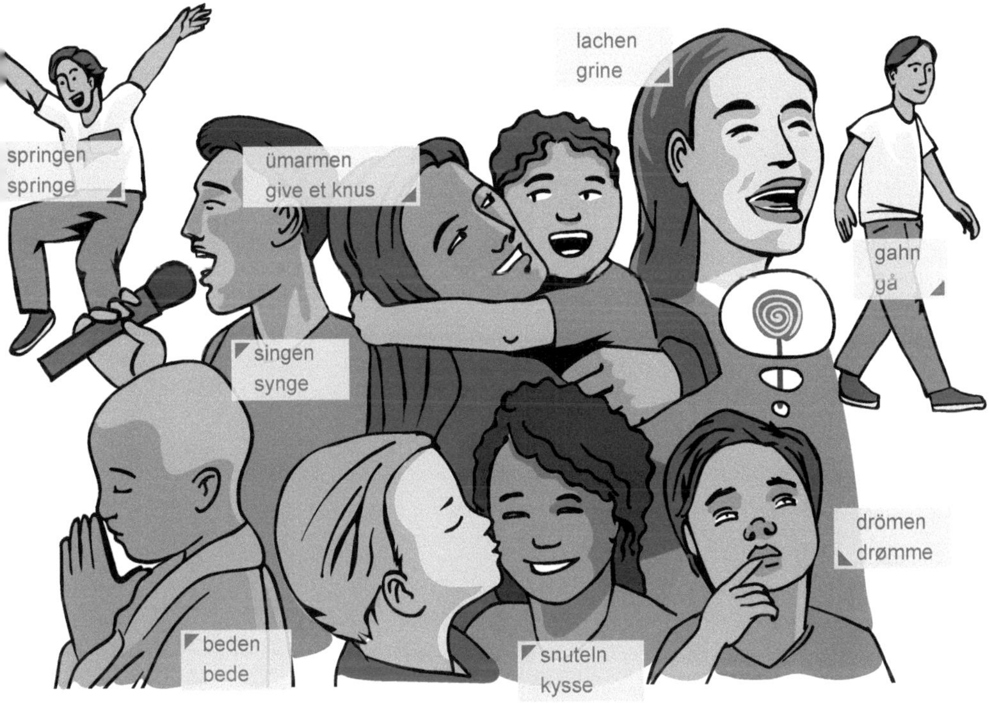

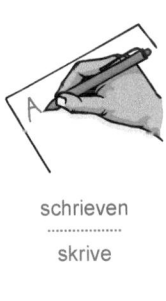

schrieven

skrive

teken

tegne

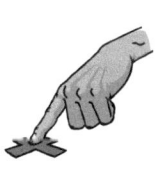

wiesen

vise

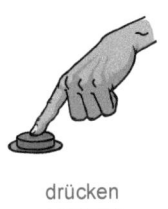

drücken

skubbe

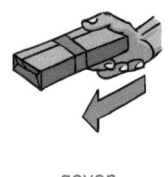

geven

give

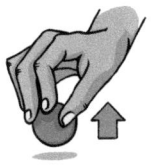

nehmen

tage

hebben
have

doon
gøre

sien
være

stahn
stå

lopen
løbe

trecken
trække

smieten
kaste

fallen
falde

liggen
ligge

töven
vente

dregen
bære

sitten
sidde

antrecken
tage på

slapen
sove

opwaken
vågne

ankieken

se på

wenen

græde

eien

ae

kämmen

kæmme

snacken

tale

verstahn

forstå

fragen

spørge

hören

høre

drinken

drikke

eten

spise

oprümen

rydde op

leefhebben

elske

kaken

koge

fohren

køre

flegen

flyve

segeln
....
sejle

reken
....
regne

lesen
....
læse

lehren
....
lære

arbeiden
....
arbejde

de Plünnen tohoopsmieten
....
gifte sig med

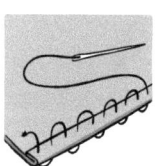

neihen
....
sy

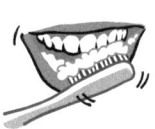

Tähnen putzen
....
børste tænder

dootmaken
....
dræbe

smöken
....
ryge

schicken
....
sende

de Familje
familie

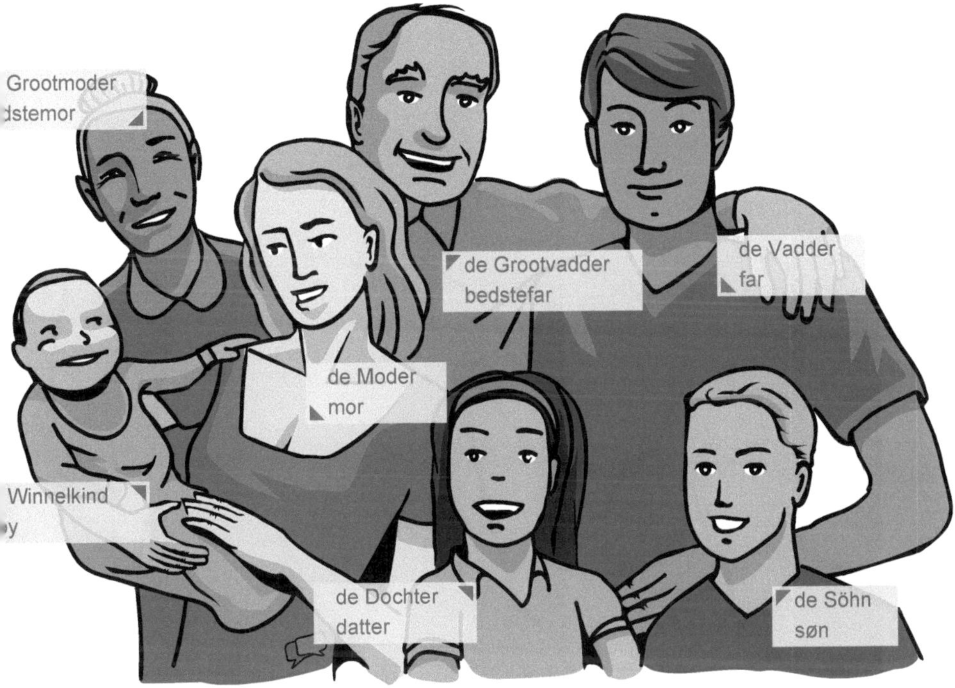

Grootmoder
dstemor
de Grootvadder
bedstefar
de Vadder
far
de Moder
mor
Winnelkind
y
de Dochter
datter
de Söhn
søn

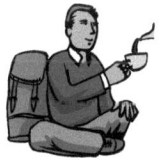

de Gast

gæst

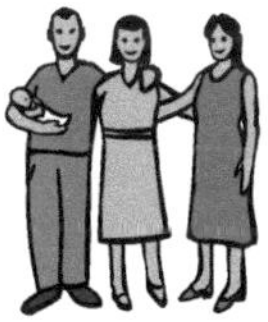

de Tant

tante

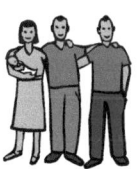

de Unkel

onkel

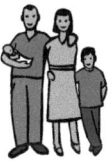

de Broder

bror

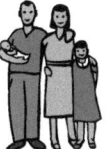

de Süster

søster

de Lief
krop

de Vörkopp
pande
dat Oog
øje
de Schuller
skulder
de Finger
finger
dat Gesicht
ansigt
dat Kinn
hage
de Hand
hånd
dat Been
ben
de Bost
bryst
de Arm
arm

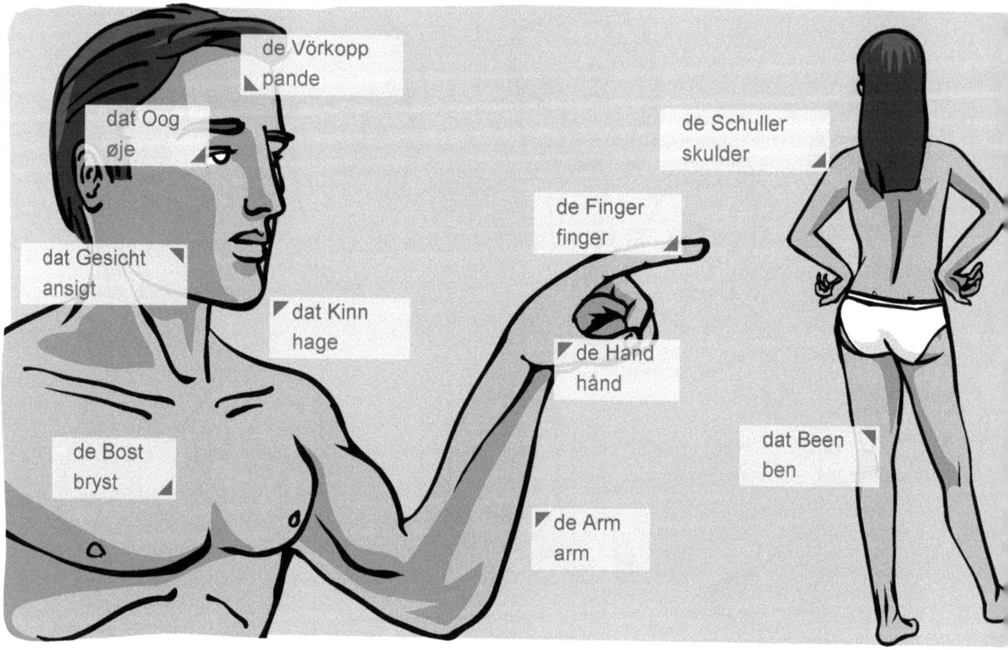

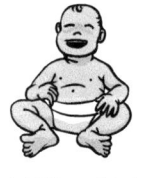

dat Winnelkind

baby

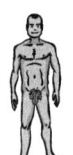

de Mann

mand

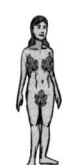

de Fro

kvinde

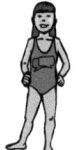

de Deern

pige

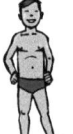

de Jung

dreng

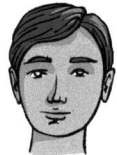

de Arm

hoved

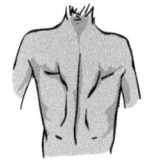

de Rüch

ryg

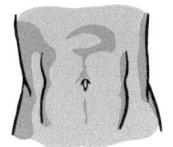

de Buuk

mave

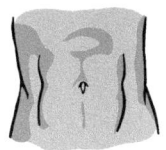

de Navel

navle

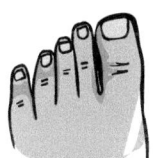

de Teh

tå

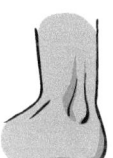

de Hack

hæl

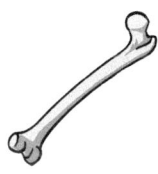

de Knaken

knogle

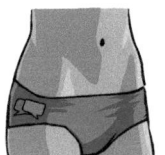

de Hüft

hofte

dat Knee

knæ

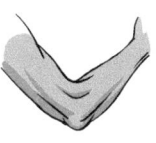

de Ellbagen

albue

de Nees

næse

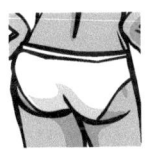

de Achtersen

bagdel

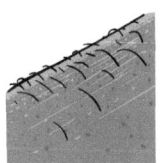

de Huut

hud

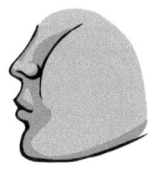

de Back

kind

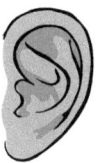

dat Ohr

øre

de Lipp

læbe

de Mund

mund

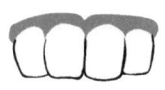

de Tähn

tand

de Tung

tunge

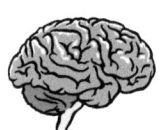

de Bregen

hjerne

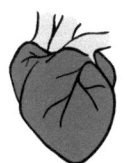

dat Hart

hjerte

de Muskel

muskel

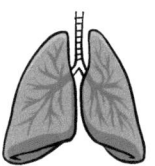

de Lung

lunge

de Lever

lever

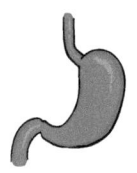

de Maag

mavesæk

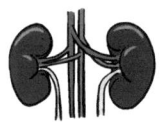

de Neren

nyrer

de Bislaap

sex

dat Kondoom

kondom

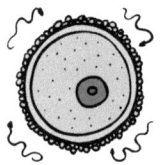

de Eizell

ægcelle

dat Sperma

sperm

de Anner Ümstänn

svangerskab

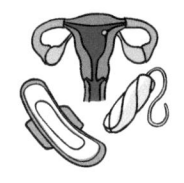

de Menstruatschoon

menstruation

de Scheed

vagina

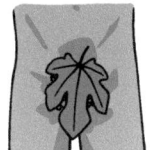

de Pint

penis

de Ogenbroe

øjenbryn

dat Hoor

hår

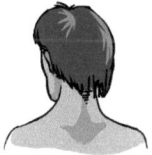

de Hals

hals

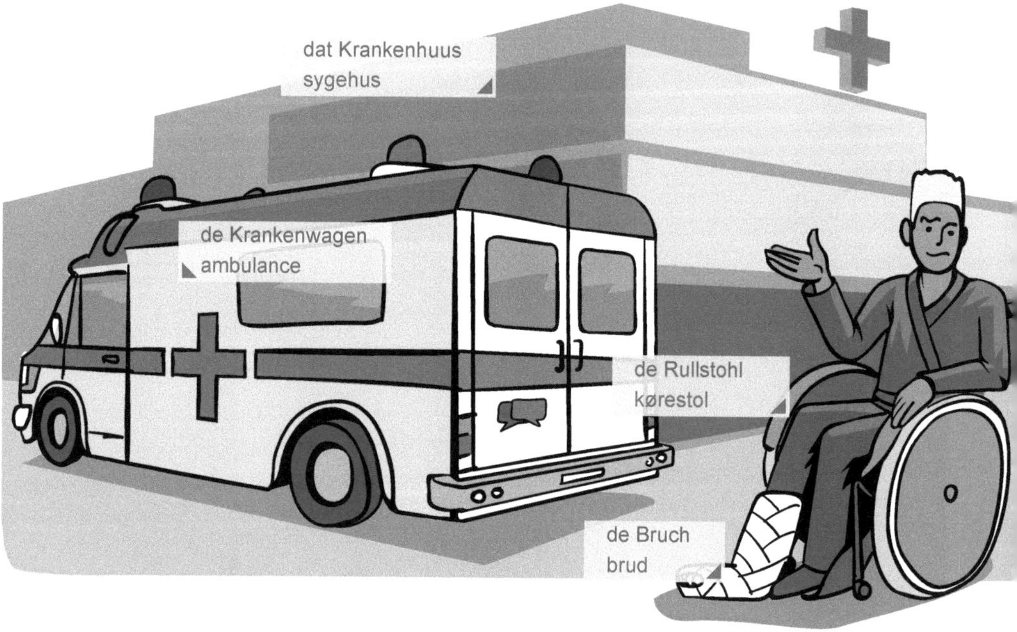

dat Krankenhuus
sygehus

de Krankenwagen
ambulance

de Rullstohl
kørestol

de Bruch
brud

de Dokter

læge

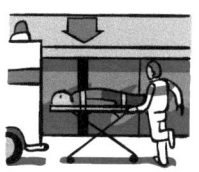

de Nootopnahm

akutmodtagelse

de Krankensüster

sygeplejerske

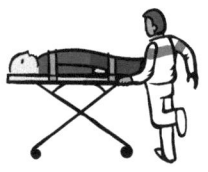

de Nootfall

nødstilfælde

ahnmächtig

bevidstløs

de Wehdaag

smerte

de Verwunnen

skade

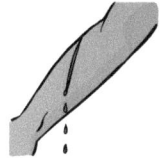

de Blöden

blødning

de Hartinfarkt

hjerteinfarkt

de Slaganfall

slagtilfælde

de Allergie

allergi

de Hoosten

hoste

dat Fever

feber

de Gripp

influenza

de Dörchfall

diarré

de Koppwehdaag

hovedpine

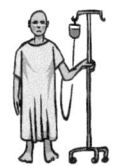

de Kreeft

kræft

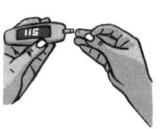

de Zuckersüük

diabetes

de Chirurg

kirurg

dat Chirurgsch Mess

skalpel

de Operatschoon

operation

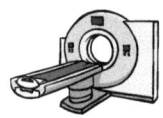

dat CT
CT

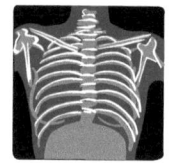

de Dörchlüchten
røntgen

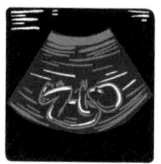

de Ultraschall
ultralyd

de Mask
maske

de Krankheit
sygdom

de Töövruum
venteværelse

de Krück
krykke

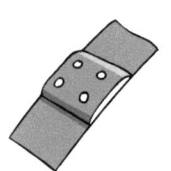

dat Plaaster
plaster

de Verband
forbinding

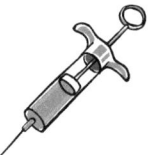

de Insprütten
injektion

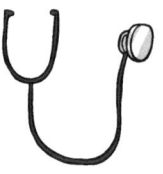

dat Stethoskop
stetoskop

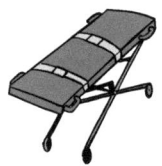

de Draag
båre

dat Feverthermometer
termometer

de Geboort
fødsel

dat Övergewicht
overvægt

dat Krankenhuus - sygehus

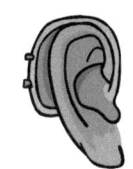

de Höörapparat

høreapparat

dat Kiemfriemiddel

desinficerende middel

de Ansteken

infektion

de Virus

virus

dat HIV / AIDS

HIV / AIDS

dat Heelmiddel

medicin

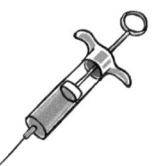

de Impen

vaccination

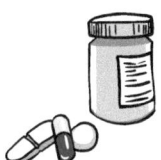

de Tabletten

tabletter

de Pill

pille

de Nootroop

nødopkald

de Blootdruck-Meter

blodtryksmåler

krank / gesund

syg / rask

Hölp!

Hjælp!

de Alarm

alarm

de Överfall

overfald

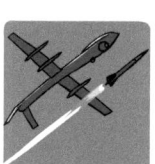

de Angreep

angreb

de Gefohr

fare

de Nootutgang

nødudgang

dat Füer!

Det brænder!

de Füerlöscher

ildslukker

de Unfall

uheld

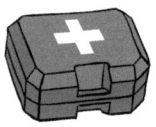

de Noothölpkoffer

førstehjælps-kuffert

SOS

SOS

de Polizei

politi

Europa

Europa

Noordamerika

Nordamerika

Süüdamerika

Sydamerika

Afrika

Afrika

Asien

Asien

Australien

Australien

de Atlantik

Atlanterhavet

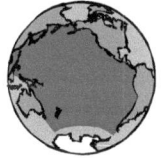

de Pazifik

Stillehavet

dat Indisch Weltmeer

Indiske Ocean

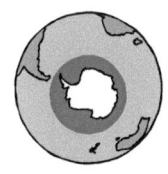

dat Antarktisch Weltmeer

Sydlige Ishav

dat Arktisch Weltmeer

Ishav

de Noordpol

Nordpol

de Süüdpol

Sydpol

de Antarktis

Antarktis

de Eerd

Jorden

dat Land

land

de See

hav

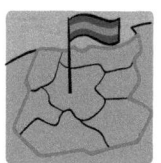

dat Eiland

ø

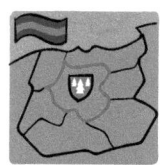

de Natschoon

nation

de Staat

stat

dat Tallenblatt

urskive

de Stunnenwieser

timeviser

de Minutenwieser

minutviser

de Sekunnenwieser

sekundviser

Wo laat is dat?

Hvad er klokken?

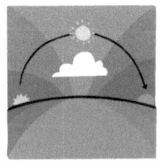

de Dag

dag

de Tiet

tid

nu

nu

de digetaalsch Klock

digitalur

de Minuut

minut

de Stunn

time

de Week

uge

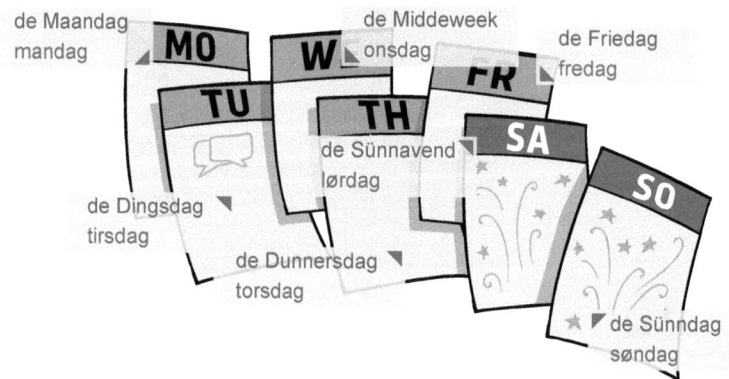

de Maandag
mandag

de Middeweek
onsdag

de Friedag
fredag

de Dingsdag
tirsdag

de Sünnavend
lørdag

de Dunnersdag
torsdag

de Sünndag
søndag

güstern

i går

hüüt

i dag

morgen

i morgen

de Morgen

morgen

de Meddag

middag

de Avend

aften

MO	TU	WE	TH	FR	SA	SU
1	2	3	4	5	6	7
8	9	10	11	12	13	14
15	16	17	18	19	20	21
22	23	24	25	26	27	28
29	30	31	1	2	3	4

de Arbeitsdaag

arbejdsdage

MO	TU	WE	TH	FR	SA	SU
1	2	3	4	5	6	7
8	9	10	11	12	13	14
15	16	17	18	19	20	21
22	23	24	25	26	27	28
29	30	31	1	2	3	4

dat Wekenenn

weekend

dat Johr

år

de Regen
regn
de Regenbagen
regnbue
de Snee
sne
de Wind
vind
dat Fröhjohr
forår
de Harvst
efterår
de Sommer
sommer
de Winter
vinter

4.APRIL 11°
5.APRIL 4°
6.APRIL 13°
7.APRIL 8°
8.APRIL 10°

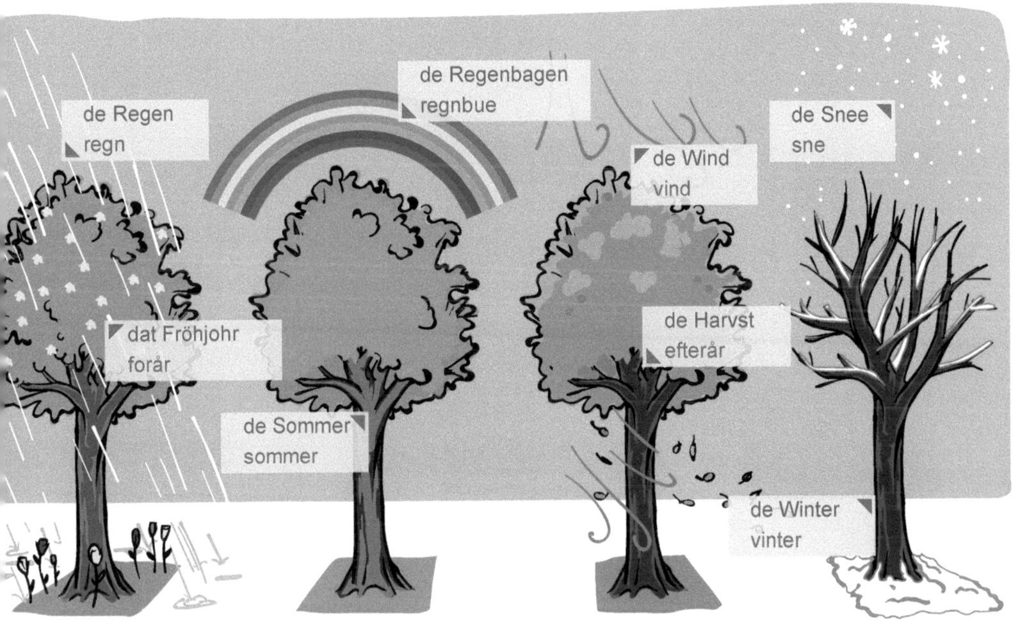

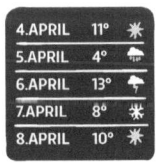

de Wedervörhersaag

vejrudsigt

F C
120 40
90 30
60 20
30 10
0 0
-30 -10
-20

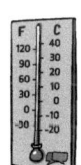

dat Thermometer

termometer

de Sünnenschien

solskin

de Wulk

sky

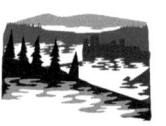

de Nevel

tåge

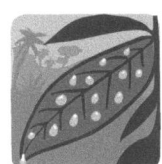

de Luftfuchtigkeit

luftfugtighed

de Blitz
....
lyn

de Dunner
....
torden

de Storm
....
storm

de Hagel
....
hagl

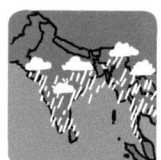

de Monsun
....
monsun

de Floot
....
flod

dat Ies
....
is

de Januormaand
....
januar

de Februormaand
....
februar

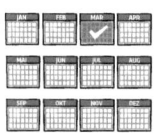

de Martmaand
....
marts

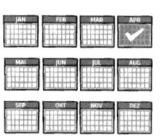

de Aprilmaand
....
april

de Maimaand
....
maj

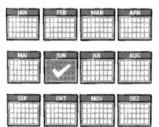

de Junimaand
....
juni

de Julimaand
....
juli

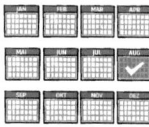

de Augustmaand
....
august

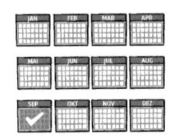

de Septembermaand
....
september

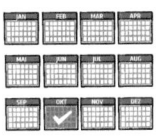

de Oktobermaand
....
oktober

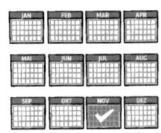

de Novembermaand
....
november

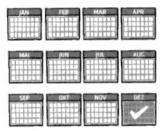

de Dezembermaand
....
december

de Formen
former

de Krink
....
cirkel

dat Quadrat
....
kvadrat

dat Rechteck
....
firkant

dat Dreeeck
....
trekant

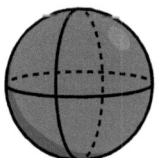

de Kugel
....
kugle

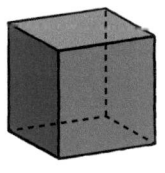

de Wörpel
....
terning

witt

hvid

geel

gul

orangsch

orange

pink

pink

root

rød

lila

lilla

blau

blå

gröön

grøn

bruun

brun

gries

grå

swart

sort

veel / wenig
....
meget / lidt

böös / verdreeglich
....
rasende / fredelig

smuck / mies
....
smuk / grim

de Begünn / dat Enn
....
begyndelse / slut

groot / lütt
....
stor / lille

hell / düüster
....
lys / mørk

de Broder / de Süster
....
bror / søster

schier / schietig
....
ren / snavset

kumpleet / nich kumpleet
....
fuldkommen / ufuldkommen

de Dag / de Nacht
....
dag / nat

doot / lebennig
....
død / levende

breet / small
....
bred / smal

geneetbor / nich geneetbor

spiselig / uspiselig

böös / fründlich

vred / venlig

fickerig / langwielt

ophidset / kedet

dick / dünn

tyk / tynd

toeerst / toletzt

først / sidst

de Fründ / de Fiend

ven / fjende

vull / leddig

fuld / tom

hart / week

hård / blød

swoor / licht

tung / let

de Smacht / de Döst

sult / tørst

krank / gesund

syg / rask

nich na't Recht / na't Recht

illegal / legal

klook / dummerhaftig

intelligent / dum

linkerhand / rechterhand

venstre / højre

neeg / feern

nær / fjern

nieg / bruukt

ny / brugt

nix / wat

intet / noget

oolt / jung

gammel / ung

an / ut

tændt / slukket

apen / slaten

åben / lukket

lies / luut

stille / højt

riek / arm

rig / fattig

richtig / verkehrt

rigtig / forkert

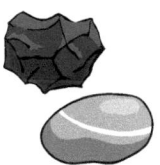

ruug / glatt

ru / glat

trurig / glücklich

ked af det / lykkelig

kort / lang

kort / lang

suutje / flink

langsom / hurtig

natt / dröög

våd / tør

warm / köhl

varm / kold

de Krieg / de Freden

krig / fred

de Gegendelen - modsætninger

0

null

nul

1

een

en

2

twee

to

3

dree

tre

4

veer

fire

5

fief

fem

6

söss

seks

7

söven

syv

8

acht

otte

9

negen

ni

10

teihn

ti

11

ölven

elleve

12

twölf
tolv

13

dörteihn
tretten

14

veerteihn
fjorten

15

föffteihn
femten

16

sössteihn
seksten

17

söventeihn
sytten

18

achtteihn
atten

19

negenteihn
nitten

20

twintig
tyve

100

hunnert
hundrede

1.000

dusend
tusinde

1.000.000

million
million

dat Engelsch

engelsk

dat Amerikaansch Engelsch

amerikansk engelsk

dat Chineesch Mandarin

kinesisk mandarin

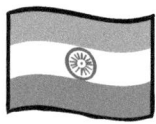

dat Hindi

hindi

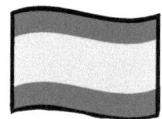

dat Spaansch

spansk

dat Franzöösch

fransk

dat Araabsch

arabisk

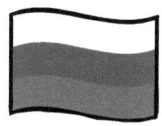

dat Rusch

russisk

dat Portugiesch

portugisisk

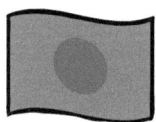

dat Bengaalsch

bengalsk

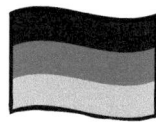

dat Düütsch

tysk

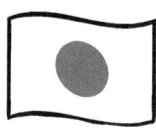

dat Japaansch

japansk

ik
jeg

du
du

he / se / dat
han / hun / den / det

wi
vi

ji
I

se
de

keen?
hvem?

wat?
hvad?

woans?
hvordan?

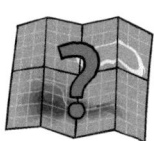

woneem?
hvor?

wannehr?
hvornår?

de Naam
navn

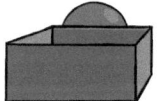

achter

bag

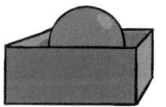

in

i

vör

foran

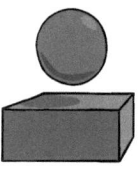

över

over

op

på

ünner

under

blangen

ved siden af

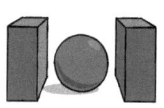

twüschen

imellem

de Oort

sted